漫画民法典

履行我们的义务

张宁◎编著

内蒙古人民出版社

图书在版编目（CIP）数据

漫画民法典.履行我们的义务/张宁编著.--呼和
浩特:内蒙古人民出版社,2025.6.--ISBN 978-7
-204-18391-3

Ⅰ.D923.04

中国国家版本馆 CIP 数据核字第 2025MX0909 号

漫画民法典·履行我们的义务
MANHUA MINFADIAN LÜXING WOMEN DE YIWU

作　　者	张 宁	
策划编辑	王 静	
责任编辑	董丽娟	
封面设计	琥珀视觉	
出版发行	内蒙古人民出版社	
地　　址	呼和浩特市新城区中山东路 8 号波士名人国际 B 座 5 楼	
网　　址	http://www.impph.cn	
印　　刷	内蒙古爱信达教育印务有限责任公司	
开　　本	640mm×910mm　1/16	
印　　张	5	
字　　数	70 千	
版　　次	2025 年 6 月第 1 版	
印　　次	2025 年 6 月第 1 次印刷	
书　　号	ISBN 978-7-204-18391-3	
定　　价	32.00 元	

前言 | Preface

　　《中华人民共和国民法典》（简称《民法典》）于2020年5月28日第十三届全国人民代表大会第三次会议通过，自2021年1月1日起正式施行。《民法典》是中国法律体系的重要组成部分，是我国"社会生活的百科全书"，也是"新时代人民权利的宣言书"。

　　《民法典》包括总则、物权、合同、人格权、婚姻家庭、继承、侵权责任七编内容以及附则，全面覆盖了我国人民生产生活的各个方面，具有十分广泛的法律意义。对于广大青少年读者而言，了解《民法典》，不仅能够丰富法律知识，增强法律意识，还有助于提高学法遵法守法用法的自觉性，从而学会运用法律武器维护自己的合法权益，并依法履行自己的法律义务。

　　鉴于此，我们根据青少年读者的阅读需求和成长特点，以《民法典》为依据，编写了这套"漫画民法典"丛书。丛书精选与青少年生活紧密相关的法律知识，采用层层递进的方式，深入剖析青少年日常生活中可能遇到的各类法律问题，并通过"以案说法"的形式向他们普及法律基础知识。

为了提升图书的可读性和趣味性，我们精心设计了多个阅读版块，如"案例再现""法理分析""民法链接""举一反三""律师答疑""法律贴士"等。此外，书中还配有大量生动的漫画插图，以期通过图文并茂的形式，帮助青少年读者更直观地理解法律概念和知识，让阅读更加轻松愉快。

　　我们期望，通过阅读这套丛书，每位青少年读者都能学到丰富的法律知识，学会运用法律武器维护自己的权益，明白履行法律义务的重要性，成为知法、懂法、守法的新时代好少年。

目 录 | Contents

篇首语

　　我们在依法享有各种权利的同时，也要依法履行法定义务。青少年作为社会的一分子，同样需要履行法定义务，比如孝敬父母、尊重烈士、诚实守信、拾金不昧、保护环境等。只有自觉履行法定义务，才能让我们的社会变得更加美好。

孝敬父母是美德，也是法定义务！

案例再现

　　一家人用餐结束后，小林突然提出要帮忙收拾碗筷，并表示以后她负责洗碗。小林说："爸爸妈妈养育我很辛苦，我作为家庭的一分子，应当主动为你们分担一些家务。"爸爸说："养育孩子是父母的职责，孝顺的孩子更能感知父母的不易。"妈妈说："养育孩子不仅是父母的职责，也是父母必须履行的法定义务。无论孩子有没有感恩之心，父母都不能抛弃孩子。"那么，妈妈说得对吗？

法理分析

　　《民法典》的相关条文规定，父母对未成年子女负有抚养、教育和保护的义务，成年子女对父母负有赡养、扶助和保护的义务。未成年人的父母已经死亡或者没有监护能力的，可以更换监

护人；缺乏劳动能力或者生活困难的父母，有要求成年子女给付赡养费的权利。父母有抚养孩子成人的责任，孩子也应该接受并回报父母的养育之恩。小林主动帮爸爸妈妈洗碗，值得表扬和鼓励。作为子女，理解父母的艰辛，帮忙分担一点家务，会让父母感到欣慰。

"百善孝为先"，孝敬父母是中华民族的传统美德，将其写进《民法典》，说明法律和道德从来不是平行线，而是紧密交织、相辅相成的。

 民法链接

《中华人民共和国民法典》第二十六条规定：父母对未成年子女负有抚养、教育和保护的义务。成年子女对父母负有赡养、扶助和保护的义务。

《中华人民共和国民法典》第一千零六十七条规定：父母不履行抚养义务的，未成年子女或者不能独立生活的成年子女，有要求父母给付抚养费的权利。成年子女不履行赡养义务的，缺乏劳动能力或者生活困难的父母，有要求成年子女给付赡养费的权利。

《中华人民共和国民法典》第一千零六十九条规定：子女应当尊重父母的婚姻权利，不得干涉父母离婚、再婚以及婚后的生活。子女对父母的赡养义务，不因父母的婚姻关系变化而终止。

举一反三

　　十一岁的芳芳生活在一个不是很富裕却幸福的家庭里。芳芳每每看到辛苦工作一天的爸爸妈妈下班回家后疲惫的样子，就感到很心疼，总想为他们做些什么，但都被爸爸妈妈拒绝了。

　　有一次，妈妈生了很严重的病。爸爸工作非常忙，无暇精心照料妈妈。芳芳见状，主动请缨道："爸爸，我和你一起照顾妈妈吧，我会做好多家务。"

爸爸欣慰地摸着芳芳的头说:"谢谢你,芳芳。"

芳芳每天早早起来为妈妈准备早餐,放学后第一时间赶回家照顾妈妈,帮助爸爸打扫房间。在思想品德课上,芳芳和同学们分享道:"爸爸妈妈有抚养我的责任,我也有孝敬他们的义务。没有父母悉心的呵护,我就无法健康快乐地长大成人。现在,我羽翼渐丰,帮助父母做一些力所能及的事情,是不容推卸的责任和义务。"

在芳芳和爸爸的细心照料下,一个月后,妈妈的病情终于有了好转。街坊邻居都夸芳芳懂事又孝顺,都很乐意为她提供一些生活上的帮助。

律师答疑

1. 子女不履行赡养义务怎么办？

成年子女对父母，有负担能力的孙子女、外孙子女，对子女已经死亡或者子女无力赡养的祖父母、外祖父母，有赡养的义务。在父母缺乏劳动能力或者生活困难的情况下，成年子女拒绝履行赡养义务，父母可以追责，向其索要赡养费。如果子女拒绝给付，父母可以先向当地居民委员会或村民委员会等部门或机构求助，要求调解，说服子女履行赡养义务。

如果调解无效，父母可以走法律诉讼程序。人民法院会考量父母的法律诉求和子女实际经济负担能力，给出调解或判决结果，并确定赡养费数额以及支付方法。经济困难与否只影响赡养费数额，不能决定赡养义务的有无。

2. 多子女家庭应当怎样履行赡养老人的义务？

按照法律规定，多子女家庭应该按照以下方式履行赡养义务。

子女们应当遵循老人意愿，签订赡养协议，并根据协议履行赡养义务。签订赡养协议可以避免赡养过程中产生争执，也能满足多方需求。

如果没有签订赡养协议，子女们应平均承担并履行赡养义务。如果都不履行赡养义务，父母有权将子女们共同起诉到法院，要求他们

依法承担责任。

赡养义务是法定义务，即使子女表示放弃对父母的遗产继承权，也仍然需要履行赡养义务，不得推卸。也就是说，子女对父母的赡养义务不能因放弃继承遗产而免除。

法律贴士

1. 子女应当如何赡养老人？

赡养老人是成年子女的法定义务，具体可从以下几个方面履行：

经济供养。子女应保障老人的基本生活需求，根据自身经济状况和老人实际需要，为其提供必要的生活费用，包括食品、住房、医疗等方面的支出。若老人缺乏劳动能力或生活困难，子女需定期给付赡养费。

生活照料。关心老人的日常生活，协助老人完成其难以独自完成的事务，如帮助老人做饭、洗衣、打扫卫生等。对于生活不能自理的老人，应给予精心的护理和照顾。

精神慰藉。子女要加强与老人的沟通交流，关心老人的心理状况和精神需求，给予他们陪伴和关爱。尊重老人的意愿和选择，让老人感受到家庭的温暖和亲情的关怀。

医疗护理。当老人患病时，子女应及时带老人就医，承担相应的医疗费用，并在老人治疗和康复期间给予悉心照料。

2. 子女不履行赡养义务的法律后果是什么？

民事责任。赡养老人是子女的法定义务，若不履行，老人可向法院提起民事诉讼，要求子女给付赡养费。法院会综合考虑老人的实际需求、当地生活水平以及子女的经济状况等因素，判决子女支付相应数额的赡养费。若子女拒绝执行生效判决，老人可申请法院强制执行，法院有权采取冻结、划拨子女银行存款或者查封、扣押、拍卖其财产等措施。

刑事责任。子女有能力赡养老人却拒绝赡养，情节恶劣的，可能构成遗弃罪。故意遗弃年老体弱、生活不能自理的老人，导致老人生命健康受到严重威胁的，可处五年以下有期徒刑、拘役或者管制。

　　小朋友，生活中你是如何孝敬父母的呢？快来说一说吧。

_____

_____

_____

孝敬父母

晚上，乐乐主动给妈妈端来一盆洗脚水……

英雄烈士的名誉不可侵犯！

 案例再现

　　大学生小王很喜欢撒谎，总是凭借夸张的言论来吸引眼球。为了博取更多关注，他决定"玩儿个大的"。在烈士纪念日，他故意杜撰了一些关于烈士的不实言论并发布在网络上。有一部分人信了他的话，把这些不实言论散播了出去。有人对小王的行为感到愤怒，报了警。小王因此被警方约谈，受到了相应的惩罚。那么，小王犯了哪些错误呢？

　　法理分析

　　小王的行为侵犯了烈士的姓名权、名誉权、荣誉权。英雄烈士用生命书写忠诚，用鲜血捍卫信仰，用无畏铸就荣光，任何人不得以任何方式歪曲、丑化、亵渎、否定英雄烈士事迹和精神。小王为了博取眼球，捏造不实言论来诋毁英雄烈士，严重侵害了英雄烈士的姓名权、名誉权、荣誉权，也伤害了烈士家属的感情，损害了社会公共利益。

网络并非法外之地，利用网络传播不实言论的行为，必然要受到法律的制裁。

民法链接

《中华人民共和国民法典》第一百八十五条规定：侵害英雄烈士等的姓名、肖像、名誉、荣誉，损害社会公共利益的，应当承担民事责任。

《中华人民共和国民法典》第一百七十九条规定：承担民事责任的方式主要有：（一）停止侵害；（二）排除妨碍；（三）消除危险；（四）返还财产；（五）恢复原状；（六）修理、重作、更换；（七）继续履行；（八）赔偿损失；（九）支付违约金；（十）消除影响、恢复名誉；（十一）赔礼道歉。法律规定惩罚性赔偿的，依照其规定。本条规定的承担民事责任的方式，可以单独适用，也可以合并适用。

《中华人民共和国民法典》第一千一百九十四条规定：网络用户、网络服务提供者利用网络侵害他人民事权益的，应当承担侵权责任。法律另有规定的，依照其规定。

举一反三

小花和小云是某市一中高一的两名学生。有一次，她们在进行社会调研时，发现网络上有人刻意散播一些与某位革命烈士有关的恶搞言论以及丑化该烈士的条形漫画。

两人看后非常生气。她们曾在书本上看过这位烈士的英雄事迹——为了拯救一座城市而壮烈牺牲，他的家人也因为革命事业而离散。小花认为这样不负责任的言论必须尽快将其删除，丑化烈士的坏人也应该被责罚。小云甚至想去网络上和那些散布谣言的人理论一番，冷静下来的小花劝阻了她。小云生气地说："难道就任由这些人胡说八道，让越来越多的人相信这些不实言论吗?"小花说："和他

们理论是没有用的，我们应该报警。"小云觉得小花说得很有道理，但还是有点拿不定主意。小花提议说："不如我们先去问问老师该怎么办。"

老师听了以后说："这个人把不实言论发布到网上，且浏览次数和转发次数较高，已经构成犯罪。所以我们应该马上收集证据，然后再报警。"老师决定和小云、小花一起做这件事。他们花了两天时间，确定并整理了三个谣言发布者的账号和言论，保存网址并截图，然后报了警。警察收到她们的报警信息后，高度重视，很快在网络上展开了调查。调查发现，发布不实言论的三个人是一个团伙，平时靠在网上编造虚假信息、散播谣言博关注，社会影响十分恶劣。警察将他们绳之以法，并对某市一中的三位师生进行了表彰。

律师答疑

1. 满足哪些条件即构成侵害英雄烈士名誉、荣誉罪？

侵害英雄烈士名誉、荣誉罪包括客体、客观方面、主体、主观方面四个构成要件。

被侵犯对象是革命烈士，侵犯的客体是社会公共利益。

客观方面，行为人以侮辱、诽谤等方式对英雄烈士的姓名、肖像、名誉或荣誉进行了一定程度的侵害，或产生其他严重后果。

侵害英雄烈士名誉、荣誉罪的行为人是一般主体，即达到刑事责任年龄且具备刑事责任能力的人。

主观方面，行为人持故意态度。

2. 依照我国法律规定，革命烈士家属可以享受哪些优待？

按照我国《烈士褒扬条例》，革命烈士家属可以享受以下优待：

经济补偿

烈士褒扬金：烈士遗属可以共同领取烈士褒扬金，标准为上一年度全国城镇居民人均可支配收入的30倍，由颁发烈士证书的县级人民政府退役军人事务部门负责发放。

一次性抚恤金：标准为上一年度全国城镇居民人均可支配收入的20倍加烈士本人40个月的工资；属于《工伤保险条例》适用范围的，还享受一次性工亡补助金以及相当于烈士本人40个月工资的烈士遗属特别补助金。

定期抚恤金：烈士的父母、配偶、子女、兄弟姐妹等符合条件的，享受定期抚恤金。

教育优待

烈士子女接受学前教育和义务教育的，应当按照国家有关规定予以优待。烈士子女报考普通高中、中等职业学校的，按照当地政策享受录取等方面的优待；报考高等学校本、专科的，按照国家有关规定予以优待；报考研究生的，在同等条件下优先录取。在公办幼儿园和公办学校就读的，按照规定享受资助政策。

就业优待

烈士的子女、兄弟姐妹本人自愿应征并且符合征兵条件的，优先批准其服现役；报考军队文职人员的，按照规定享受优待。烈士子女符合公务员考录条件的，在同等条件下优先录用。

烈士遗属符合就业条件的，由当地人民政府优先提供政策支持和就业服务，促进其实现稳定就业。烈士遗属已经就业，用人单位经济性裁员时，应当优先留用。烈士遗属从事经营活动的，享受国家和当地人民政府规定的优惠政策。

此外，烈士遗属还可以按照规定享受其他社会优待。

3. 为什么不能恶搞烈士？

革命烈士是指那些在革命斗争、保卫祖国、社会主义现代化建设事业中壮烈牺牲的人员。恶搞革命烈士的行为是对民族精神的亵渎，也是对历史和生命的蔑视。

法律贴士

烈士的评定标准是什么？

《烈士褒扬条例》第八条规定，公民牺牲符合下列情形之一的，评定为烈士：

（一）在依法查处违法犯罪行为、执行国家安全工作任务、

执行反恐怖任务、执行特勤警卫任务、执行突发事件应急处置与救援任务中牺牲的；

（二）抢险救灾或者其他为了抢救、保护国家财产、集体财产、公民生命财产牺牲的；

（三）在执行外交任务或者国家派遣的对外援助、维持国际和平、执法合作任务中牺牲的；

（四）在执行武器装备科研试验任务中牺牲的；

（五）其他牺牲情节特别突出，堪为楷模的。

军人牺牲，军队文职人员、预备役人员、民兵、民工以及其他人员因参战、执行作战支援保障任务、参加非战争军事行动、参加军事训练、执行军事勤务牺牲应当评定烈士的，依照《军人抚恤优待条例》的有关规定评定。

小朋友，你知道哪些英雄烈士的事迹呢？快来说一说吧。

_____

_____

_____

打架的原因

乐乐去参加学校组织的扫墓活动，回来的时候十分狼狈……

见义勇为是善举，法律要保护！

案例再现

　　放学路上，小余看见一个小孩在河边玩耍时失足落水。会游泳的小余顾不上个人安危，纵身跳入河中救人。岸上的同学们大声呼救，寻求路人的帮助。在众人的通力合作下，落水的小孩成功获救。

法理分析

　　见义勇为是我国的传统美德，值得褒奖。小余不顾个人安危，勇救落水小朋友，我们应该向他致以最崇高的敬意。

《民法典》明文规定，受益人出于道德层面的考量，可以对见义勇为者进行补偿。如果救助者因见义勇为行为受到损害，受益人可以给予适当补偿。这条规定保障了见义勇为者的合法权益。小余没有因为救人而受伤，小朋友的家长出于感激可以给小余一定补偿。值得注意的是，在没有救助能力的情况下，应先保证自身安全，再想办法救人。不提倡盲目见义勇为，以免使自身遭受不必要的伤害。

 民法链接

《中华人民共和国民法典》第一百八十三条规定：因保护他人民事权益使自己受到损害的，由侵权人承担民事责任，受益人可以给予适当补偿。没有侵权人、侵权人逃逸或者无力承担民事责任，受害人请求补偿的，受益人应当给予适当补偿。

《中华人民共和国民法典》第一百八十四条规定：因自愿实施紧急救助行为造成受助人损害的，救助人不承担民事责任。

 举一反三

爸爸开车带十三岁的李华出门购物，停车时，一个老人恰巧晕倒在车前，头撞在了车身上，口吐白沫。就在爸爸犹豫要不要救助老人时，李华已上前将其扶上车。李华

爸爸争分夺秒地把老人送到附近的医院，并为老人垫付了医疗费。

经过紧张的抢救，老人脱离了生命危险，并慢慢苏醒过来。但他误认为是李华爸爸撞倒了他，生气地给儿女们打电话，让他们来医院找李华爸爸对峙。儿女们误以为父亲遭遇了车祸，挂了电话就报了警，和警察一起来到医院。面对质疑，李华爸爸只好将行车记录仪中的视频作为证据交给警察。

警察看过视频后，认为李华父女并无过错。在他们的调解下，误会解除，老人及其儿女们向李华父女道了歉。他们偿还了李华爸爸代付的医药费，并且表示要给予额外补偿。

　　李华说："我们不是为了钱才帮助老爷爷的。"李华爸爸也表示，"救助晕倒的老人是我们应该做的，老人得到及时救治就是最好的结果"。

　　但老人的儿女们执意要给报酬，以弥补误会对李华父

女造成的心理伤害。盛情难却，李华爸爸只好接受了。

几天后，老人的儿女们定做了一面锦旗送到李华家所在社区，社区宣扬了他们的事迹并给予表彰。

律师答疑

1. 如何定义"见义勇为"？

见义勇为是指普通公民在不具有法定职责或者特定义务的情况下，为了保护国家、集体利益或他人人身及财产安全而实施的救助行为。

2. 见义勇为有哪些法律构成要件？

见义勇为的实施主体是自然人，即人类个体的统称。由于见义勇为是实施人在紧急情况下通过主观判断后所采取的行为和行动，因此不考虑实施人是否具有民事行为能力或者是否具有政治权利。

见义勇为者客观上确实实施了危难救助行为。危难救助行为是指当国家、集体、社会、公民个人财产及生命安全遭到威胁时，行为人实施了旨在降低损失或减少威胁的救助行为，进而产生了相应后果的一切行为。这种行为一般都是在危险的情况下做出的，伴有

较强的风险性。

行为人没有法律规定的救助义务。换句话说，只有行为人的行为超越了法律规定的职责或不具有法律规定的救助义务，才能视作见义勇为。

行为人主观上存在维护公共利益、降低公共危害、帮助他人的意愿，这种意愿必须具有正义感。如果行为人的行为客观上产生了维护公共安全、降低公共危害或保护他人生命财产安全的结果，但是主观上是出于维护自身利益，那么也不能视为见义勇为。

法律贴士

见义勇为如何科学施救？

需要冷静对待。面对突发事件，我们必须保持冷静，结合实际情况做出合理判断。

需要及时报警。在遇到紧急或突发事件时，考虑到个人行动能力有限，应当及时寻求警方帮助，第一时间把求救信息发送出去，为见义勇为的后果提供安全保障。

需要观察周围。观察周围环境，寻找能够一起提供帮助的人和可躲避的空间以及防身工具。

需要制定策略。要在保证自身安全的前提下，选择最合适的救助方式实施救助行为。

小朋友，你还知道哪些见义勇为的事迹呢？

_____

_____

_____

见义勇为

乐乐很晚才回家，妈妈有些担心……

乐乐，你干什么去了？怎么这么晚才回来？

妈妈，我今天见义勇为了，还受到了表扬！

什么？你这么个小孩子还能见义勇为？

放学回家的路上，我看到有人在抓小偷。

小偷经过我身边时，我灵机一动，推倒一辆自行车，把他绊倒了。

你真勇敢！不过，以后遇到这种事一定要注意安全！

做人要诚实守信，恪守承诺！

今天是纪念版商品发售的日子，淘淘几天前就交了定金，今天只要支付尾款就可以拿到商品了。

淘淘如约来商店支付尾款取货时，店员却不耐烦地说道："东西卖完了，你回去吧！"

淘淘生气地说："那我的定金怎么办？"

店员说："是你自己来得太晚才没抢到商品的，个人原因不退还定金。"

回到家中，淘淘将事情原原本本地告诉了父母。最终在父母和警察的帮助下，成功要回了定金。

法理分析

诚信是人的第二张"身份证"，是中华民族的传统美德，也是社会主义核心价值观的重要内容。在民法的众多基本原则中，被称为"帝王条款"的就是诚信原则。所有民事主体在从事任何民事活动（包括行使民事权利、履行民事义务、承担民事责任）时，都应信守诺言，言行一致，诚实不欺。诚实守信也是市场经济活动的基本原则，是维护交易秩序的重要法律原则。

民法链接

《中华人民共和国民法典》第七条规定：民事主体从事民事活动，应当遵循诚信原则，秉持诚实，恪守承诺。

《中华人民共和国民法典》第一百四十二条规定：有相对人的意思表示的解释，应当按照所使用的词句，结合相关条款、行为的性质和目的、习惯以及诚信原则，确定意思表示的含义。无相对人的意思表示的解释，不能完全拘泥于所使用的词句，而应当结合相关条款、行为的性质和目的、习惯以及诚信原则，确定行为人的真实意思。

举一反三

豆豆生病了，爸爸妈妈为了给豆豆治病，几乎花光了所有积蓄。

"爸爸妈妈，对不起，都是我不好。"豆豆躺在病床上伤心地流着眼泪说。

听了豆豆的话，妈妈一阵心酸，俯身在床边安慰道："没关系，宝贝，你只要安心养病就好了，不用担心家里的事情。"

豆豆说："等我病好了，我一定好好学习，将来找个好工作，报答爸爸妈妈的养育之恩。"

向来坚强的爸爸，见到这样的场景，也忍不住流下眼泪。

眼泪擦到一半，爸爸突然想起一件事，并转头对妈妈说："对了，我记得咱们之前给豆豆买过一份保险，是不是可以申请赔偿呀？"

原来，爸爸妈妈在豆豆三岁时给他买过一份保险，豆豆现在的情况恰好在理赔范围内。

"我这就回去把单据找出来，然后给保险公司打电话。"豆豆妈妈激动地说道。

回到家中，豆豆妈妈找出当年给豆豆投保的各种单据，

然后来到保险公司，找到当年帮忙办理相关业务的人员。

"你好，我是豆豆的妈妈，当初我在你这里买了保险，现在我想要申请赔偿。"豆豆妈妈将单据递给业务员并客气地说道。

业务员接过单据，看了一下，随口问道："生病的是豆豆小朋友吗？他今年多大了？"

豆豆妈妈如实答道："是豆豆，他今年十一岁了。"

业务员摇摇头拒绝道："十一岁赔偿不了。"

"为什么呀？"豆豆妈妈问道。

业务员将单据还给豆豆妈妈，说道："你家孩子的病症不在保险赔偿范围内，而且这款保险产品有年龄限制，要等孩子年满十八周岁以后才能生效。"

"当初我给孩子买保险的时候你怎么不说?"豆豆妈妈质问道。

业务员说:"你也没问我呀!"

这可把豆豆妈妈气坏了,她一纸诉状就将业务员和保险公司告上了法庭。豆豆妈妈认为,购买保险时,业务员为了推销产品,故意隐瞒事实,是导致保险无法赔偿的主要原因。就这样,一家人走上了维权之路……

 律师答疑

1. 诚信原则在《民法典》中有哪些体现?

《民法典》第七条明确规定:"民事主体从事民事活动,应当遵循诚信原则,秉持诚实,恪守承诺。"这一条款确立了诚信原则在民法中的核心地位,为民事主体提供了行为准则。此外,在《民法典》的其他条款中,如第一百四十二条关于意思表示的解释、第四百六十六条关于合同条款的解释以及第五百条关于缔约过失责任的规定等,都体现了诚信原则的精神和要求。

2. 诚信原则的意义与作用是什么?

指导民事活动:诚信原则为民事主体提供了明确的行为准则,有助于引导人们树立正确的道德观念和法律意识,促进社会的和谐稳定。

维护交易秩序:在市场经济中,诚信原则对于维护交易秩序、防范欺诈具有至关重要的作用。它要求市场主体

以诚信为本，确保交易的公平、公正和合法。

弥补法律漏洞：法律具有滞后性，难以覆盖所有情况。诚信原则作为一种灵活性和弹性较强的法律原则，可以在一定程度上弥补法律的不足，为司法裁判提供有力的依据。

法律贴士

诚信原则的本质是什么？

在我国，诚信原则是社会主义核心价值观在法律上的体现。诚信原则是指民事主体在从事民事活动、行使民事权利和履行民事义务时，应本着诚实的态度，做到讲究信誉、恪守信用、意思表示真实、行为合法、不规避法律规

定和曲解合同条款等。

　　诚信是市场经济活动的道德准则。诚信不仅要求在当事人之间构建起利益平衡机制，还要求当事人的利益与社会利益协调一致。

　　诚信原则是道德准则的法律化表现。诚信原则被写进《民法典》后，已经不再只是一项道德规范，更是一项重要的法律原则。

　　诚信原则的实质在于授予法官以自由裁量权。因为诚信原则具有法律调节和道德调节的双重功能，能够赋予法律以更大的弹性，所以当出现各种新情况和新问题时，法官可以使用此原则进行自由裁量。

　　小朋友，你是如何看待诚实守信的呢？

　　_____

　　_____

　　_____

不诚实的人

乐乐放学回家后，看起来很不高兴……

妈妈，我今天遇到了一个不诚实的人！

不诚实的人？谁呀？

路边有一个乞丐，他前面放着一个纸牌，上面写满了字。

我假装不识字，那个乞丐就给我念了一遍。

然后呢？

然后我说："纸牌上写的你不是又聋又哑吗？"

那乞丐还责怪我不诚实。

拾金不昧是美德，法律有规定！

案例再现

　　放学回家的路上，晨晨捡了一部手机，是前段时间某品牌新推出的。

　　虽然晨晨很喜欢这部手机，但他清楚地知道，路上捡来的手机是别人丢失的，应该物归原主才对。

　　于是，他来到派出所，将捡到的手机交给警察叔叔，让他们帮忙寻找失主。

　　警察叔叔了解事情的经过后，对晨晨的行为表示赞赏，夸赞他是个拾金不昧的好孩子。

法理分析

　　拾金不昧既是道德准则，也是法定义务。《中华人民共和国民法典》第三百一十四条

规定：拾得遗失物，应当返还权利人。拾得人应当及时通知权利人领取，或者送交公安等有关部门。如果拾得人拒不归还遗失物，可能构成不当得利。因此，根据法律规定，不当得利应当返还给受损失的人。如果拾得人拒不返还，权利人可以向法院起诉，请求法院判决对方归还。在某些情况下，拾得人拒不归还遗失物还可能构成侵占罪。根据《中华人民共和国刑法》第二百七十条的规定，将他人的遗忘物或者埋藏物非法占为己有，数额较大，拒不交出的，可能面临刑事处罚。

 民法链接

《中华人民共和国民法典》第三百一十四条规定：拾得遗失物，应当返还权利人。拾得人应当及时通知权利人领取，或者送交公安等有关部门。

《中华人民共和国民法典》第三百一十五条规定：有关部门收到遗失物，知道权利人的，应当及时通知其领取；不知道的，应当及时发布招领公告。

《中华人民共和国民法典》第三百一十六条规定：拾得人在遗失物送交有关部门前，有关部门在遗失物被领取前，应当妥善保管遗失物。因故意或者重大过失致使遗失物毁损、灭失的，应当承担民事责任。

一周紧张的学习生活结束后，丽丽决定去书店放松一下。

星期日早上吃完饭，丽丽就和同学约好上午10点在新华书店门口见面。

几个女孩子见面后说笑了一会儿就轻声走进了书店。

丽丽跟朵朵说："我去科学区看一下，看完过来找你。"朵朵点点头，就自己看起书来。

丽丽走到科学区这边，刚要拿起一本书看，就发现放着好多书的桌面上有个黄色的钱包。丽丽赶忙放下书，朝四周看了看，因为不确定谁是失主，她只好走过去拿起钱

包去找朵朵。

　　"朵朵，我捡到一个钱包，你帮我一起找失主吧。"丽丽说。朵朵回答道："你先看下钱包里有什么？有没有身份证？"丽丽犹豫着是否要打开，朵朵见状说："丽丽，没关系的，我们翻看钱包也是为了弄清楚钱包里有什么，也许能找到失主的相关信息呢。"丽丽觉得朵朵说得对，便打开了钱包。

　　她们发现里面有一张身份证和一沓钱。丽丽把其他小伙伴也叫到身边说："我们先去找这家书店的店长，让店长调取监控找找失主，然后我们再去派出所报案。"

　　通过监控录像，她们确定了失主——一个帅气的叔叔。

店长带着她们一起去附近的派出所报了案，警察叔叔根据钱包里的身份证和监控录像成功锁定了失主，并与其取得了联系。

失主很快来到派出所，得知是丽丽她们帮他找到了丢失的钱包后，激动地说道："真是太感谢小朋友们了，你们太棒了，叔叔谢谢你们！"面对失主的感谢，丽丽她们开心地笑了。

 律师答疑

拾得遗失物后应该怎么办？

遗失物是指非基于遗失人的意志而暂时丧失占有的动

产。拾得遗失物是指发现他人遗失物而予以占有的法律事实。拾得遗失物后可按下述方法予以处理：

拾得遗失物，应当返还权利人。拾得人应当及时通知权利人领取，或送交公安机关等有关部门。此外，拾得人可以请求支付费用，但不意味着可以索取报酬。若失主自愿发布失物招领启事并自愿给予酬金，拾得人返还物品后，失主需支付酬金，不得反悔。

公安机关等有关部门收到遗失物后，应及时协助寻找权利人并通知其领取遗失物，超过六个月无人认领的，公安机关应按照相关法律规定上缴有关部门，或者受这些部门委托，将无主物品进行拍卖，所得金额上缴国库。有关部门在遗失物被领取前，应当谨慎妥善保管，因故意或重大过失致使遗失物毁损、灭失的，应承担相应的民事责任。

拾得人捡到遗失物不主动归还或不愿归还，为侵权行为。在这种情况下，拾得人不得要求权利人支付费用或请求权利人按照承诺履行义务。

遗失物通过转让被他人占有的，权利人有权向无处分权人请求损害赔偿，或者自知道或者应当知道受让人之日起两年内向受让人请求返还原物。但是，受让人通过拍卖或者向具有经营资格的经营者购得该遗失物的，权利人请求返还原物时应当支付受让人所付费用。权利人向受让人支付所付费用后，有权向无处分权人追偿。

 **法律贴士**

《民法典》对不当得利的规定主要有哪些？

《中华人民共和国民法典》第九百八十五条规定：得利人没有法律根据取得不当利益的，受损失的人可以请求得利人返还取得的利益，但是有下列情形之一的除外：（一）为履行道德义务进行的给付；（二）债务到期之前的清偿；（三）明知无给付义务而进行的债务清偿。

第九百八十六条规定：得利人不知道且不应当知道取得的利益没有法律根据，取得的利益已经不存在的，不承担返还该利益的义务。

第九百八十七条规定：得利人知道或者应当知道取得的利益没有法律根据的，受损失的人可以请求得利人返还其取得的利益并依法赔偿损失。

第九百八十八条规定：得利人已经将取得的利益无偿转让给第三人的，受损失的人可以请求第三人在相应范围内承担返还义务。

　　小朋友，你知道拾到别人的财物该怎么处理了吗？

_____

_____

_____

拾金不昧

一大早，乐乐兴冲冲地和爸爸说……

吵闹不休的广场舞音乐扰民，谁来制止？

 **案例再现**

今天是爷爷出院的日子，亮亮一大早就和爸爸妈妈来到医院帮忙收拾东西，办理出院手续。

亮亮对爷爷说："爷爷，我放假了，可以陪您在家养病啦。"

听了亮亮的话，爷爷高兴极了，感觉身体又好了不少。

没想到，亮亮陪爷爷回家后，一天安静的日子也没过上。每天晚上爷爷都被楼下广场舞的音乐吵得无法休息，亮亮也连着好几天睡不好觉。

几次协商无果后，亮亮的父母只好报警……

法理分析

《中华人民共和国噪声污染防治法》第六十四条规定：禁止在噪声敏感建筑物集中区域使用高音广播喇叭，但紧急情况以及地方人民政府规定的特殊情形除外。在街道、广场、

公园等公共场所组织或者开展娱乐、健身等活动，应当遵守公共场所管理者有关活动区域、时段、音量等规定，采取有效措施，防止噪声污染；不得违反规定使用音响器材产生过大音量。公共场所管理者应当合理规定娱乐、健身等活动的区域、时段、音量，可以采取设置噪声自动监测和显示设施等措施加强管理。《民法典》还将"私人生活安宁"纳入隐私权范畴，从法律层面为全面有效治理诸如"骚扰电话""噪声扰民"等普遍存在的侵犯"私人生活安宁"的行为提供了有力支撑。可见，广场舞音乐声音太大，对别人的生活造成影响是违法的。

遭遇噪声污染时，当事人可以向物业公司或居委会等投诉，也可以拨打环保举报热线"12369"举报，还可以报警，甚至可以向当地人民法院提起诉讼，要求停止制造噪声，如果有充足的证据证明其对自己造成了伤害，还可以索赔。

民法链接

《中华人民共和国民法典》第二百八十六条规定：业主大会或者业主委员会，对任意弃置垃圾、排放污染物或者噪声、违反规定饲养动物、违章搭建、侵占通道、拒付物业费等损害他人合法权益的行为，有权依照法律、法规以及管理规约，请求行为人停止侵害、排除妨碍、消除危险、恢复原状、赔偿损失。

举一反三

李女士家所在小区有一大片空地，许多老年人都在这里活动。

李女士的女儿即将小升初，课业负担比较重，需要安静的学习和生活环境。可每天早上七点半到晚上十点左右，楼下都会播放嘈杂的广场舞音乐，有时还有人唱歌，声音很大。

李女士和女儿有时说个话都要吼才听得清。李女士难以忍受，于是主动找那些跳舞、唱歌的叔叔阿姨们协商。刚开始，他们还会把音量调低一点儿，可唱一会儿、跳一会儿之后就又把音量调大了。说了几次，结果都一样，李女士实在没办法，只能选择报警。

警察来过之后，消停了没几天就又开始了。李女士觉得这样下去不行，得想想其他办法。她联系了也有同样烦恼的邻居，联名写了一份建议书。

一天，李女士专门买了些水果，来到广场舞组织者家里协商。组织者是一对退休夫妻。李女士诚恳地说："张姐，我家孩子马上要小升初了，课业紧张繁重，楼下嘈杂的声音对孩子的学习影响比较大，而且咱们小区还有很多家也是这样的情况，希望张姐能够体谅。"说着，她拿出联名建议书。

"其实我们也不是不让大家活动，只是希望换个时间，这样就不会互相影响了。"李女士紧接着补充道。张姐听了李女士的话后为难地说："小李啊，这事儿也不是不能商量，但你看我们老年人就这点爱好了，小区里又只有那片空地，我们就算想干点别的也没有设施和地方呀！"

李女士一听，原来症结在这里。看来还是得坐下来好

好沟通才知道彼此的需求是什么，才能解决问题。李女士说："张姐，你看这样行不行。我们让物业公司增加些娱乐设施，再建个凉亭，丰富一下大家的娱乐活动。晚上吃完饭，大家可以一起出来跳一会儿广场舞。这样就两全其美了。"张姐听完很快点头同意了。

经过多方协调，问题终于解决了。

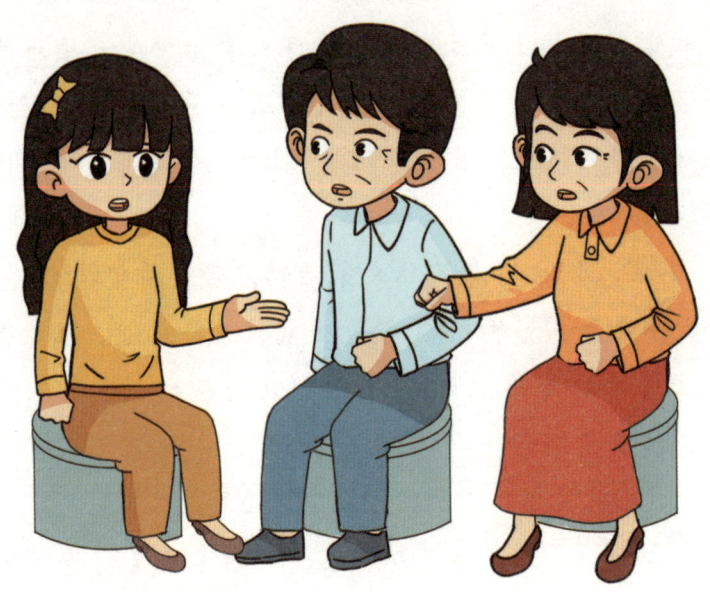

律师答疑

广场舞音乐扰民应向谁投诉?

公安部门：根据《中华人民共和国治安管理处罚法》第五十八条规定，违反社会生活噪声污染防治的法律规定，制造噪声干扰他人正常生活的，处警告；警告后不改正的，处二百元以上五百元以下罚款。

环保部门：环保部门负责噪声污染防治的监督管理工作，对于广场舞音乐等社会生活噪声，环保部门同样有监管职责。

其他相关部门：

（1）基层群众性自治组织、业主委员会、物业服务人：根据《中华人民共和国噪声污染防治法》第七十条规定，这些组织和个人在发现噪声扰民行为时，应当及时劝阻、调解；劝阻、调解无效的，可以向负有社会生活噪声污染防治监督管理职责的部门或者地方人民政府指定的部门报告或者投诉，接到报告或者投诉的部门应当依法处理。

（2）城市管理部门：对于公共场所的噪声扰民行为，城市管理部门也有一定的管理职责，可以协助公安、环保等部门进行处理。

 法律贴士

生活中遇到噪声污染问题怎么办？

首先可与对方进行协商，让其降低音量或者更换场地。

若对方未纠正其错误行为，可以向相关组织或有关部门反映或投诉，让其出面处理。

若还未得到妥善处理，可以拨打110报警电话向公安部门举报。

还可以向法院提起诉讼，依法对噪声问题进行处理，

并要求其赔偿对自身造成的损害。

小朋友，你还知道哪些解决广场舞音乐扰民问题的办法呢？

_____

_____

_____

广场舞

晚上乐乐在家写作业，被楼下的广场舞音乐吵得头疼……

不小心损坏别人物品，该如何赔偿？

案例再现

这天，军军和往常一样和朋友们在小区踢足球。

军军用力一踢，足球飞出去一下砸在一楼住户的窗户上。张阿姨刚好在阳台晾衣服，碎裂的玻璃割伤了她的小臂。

军军一看情况不妙，想要逃跑，可还没等迈出步子，就被张阿姨叫住了。

"砸坏了我家玻璃，割伤了我的胳膊，你还想跑?"张阿姨喊道。

军军吓得手足无措，只好给父母打电话。父母得知情况后，立即带张阿姨去医院处理伤口，还给张阿姨家换了新玻璃。军军也在父母的监督下，诚恳地向张阿姨道了歉。

法理分析

首先，军军不应在小区里踢球，应该去足球场踢。军军的行为侵犯了张阿姨的物权。《中华人民共和国民法典》第二百三十七条规定：造成不动产或者动产毁损的，权利人可以依法请求修理、重作、更换或者恢复原状。军军损坏了张阿姨家的窗户，张阿姨有权让他修理、更换或者恢复原状。《民法典》第二百三十八条规

定：侵害物权，造成权利人损害的，权利人可以依法请求损害赔偿，也可以依法请求承担其他民事责任。军军不但砸碎了玻璃，还致使张阿姨受伤，所以必须承担责任。不过，由于军军是未成年人，张阿姨有权要求军军的监护人承担相应责任。

 民法链接

《中华人民共和国民法典》第二百三十七条规定：造成不动产或者动产毁损的，权利人可以依法请求修理、重作、更换或者恢复原状。

《中华人民共和国民法典》第二百三十八条规定：侵害物权，造成权利人损害的，权利人可以依法请求损害赔偿，也可以依法请求承担其他民事责任。

《中华人民共和国民法典》第一千一百八十八条规

定：无民事行为能力人、限制民事行为能力人造成他人损害的，由监护人承担侵权责任。监护人尽到监护职责的，可以减轻其侵权责任。有财产的无民事行为能力人、限制民事行为能力人造成他人损害的，从本人财产中支付赔偿费用；不足部分，由监护人赔偿。

举一反三

接连下了几天雨，天气一直阴沉沉的。

这天，小王在家休息，突然接到领导电话，让他去公司开会。小王匆忙穿好衣服，拿上钥匙就往外走。只听"哗"的一声——小王的手臂不小心碰倒了邻居摆在门口的青花瓷瓶。

听到响声的邻居小李打开门一看，发现自家的花瓶碎了一地。这个花瓶是他在网上花 100 多元钱买的，一直放在门外公共区域。他生气地对小王说："你打碎了我心爱的花瓶，得赔我 500 元。"

　　小王本来还有些内疚，结果对方却狮子大开口，这不由惹怒了他："我打碎你的花瓶是我不好，我向你道歉。但我是无心之失，不是故意的。而且，如果你的花瓶这么贵，就不应该放在外面，放在外面就有被碰倒的危险，你属于故意为之。如果你的花瓶不值这些钱，你向我要500元就是敲诈，我可以告你。"小王边说边在网上搜索同款花瓶值多少钱。

　　一搜才知道，这个青花瓷瓶并不值500元，才100多元。小李见小王说得有理有据，气势也弱了下来："那你就赔我300元吧，这事儿就这么算了。"

　　小王拿出在网上搜到的同款花瓶给小李看，说："这是同款花瓶，售价在100~200元之间。我知道我打碎了你

的花瓶你很生气，我可以理解。但是我们邻里邻居地住着，抬头不见低头见的，闹僵了也不好。这样，我们各退一步好不好？我再次向你赔礼道歉，并赔偿花瓶一半的价钱。但也请你下回不要把这种易碎的东西放在外面，不仅容易被碰倒，还容易丢。你看这样如何？"

小李见小王态度诚恳，说得也在理，就接受了小王的建议。

律师答疑

毁坏他人财物应受到怎样的处罚？

故意毁坏财物罪是指故意损坏或毁灭公私财物，数额较大或有其他严重情节的犯罪行为。其中，被损毁财物价值在5000元以上的，应予立案追诉。根据《中华人民共和国刑法》第二百七十五条规定，故意毁坏公私财物，数额较大或者有其他严重情节的，处三年以下有期徒刑、拘役或者罚金；数额巨大或者有其他特别严重情节的，处三年以上七年以下有期徒刑。由于犯罪行为而使被害人遭受经济损失的，对犯罪分子除依法给予刑事处罚外，并应根据情况判处赔偿经济损失。

故意毁坏公私财物，情节较轻的，属一般违反治安管理行为。《治安管理处罚法》第四十九条规定：盗窃、诈骗、哄抢、抢夺、敲诈勒索或者故意损毁公私财物的，处五日以上十日以下拘留，可以并处五百元以下罚款；情节较重的，处十日以上十五日以下拘留，可以并处一千元以下罚款。

 法律贴士

孩子损坏他人物品该怎么处理？

法律责任：根据《民法典》的规定，孩子损坏他人物品的法律责任取决于其年龄和民事行为能力。无民事行为能力人（一般指不满八周岁的未成年人）造成他人物品损害的，由监护人承担侵权责任。限制民事行为能力人（一般指八周岁以上不满十八周岁的未成年人）造成他人物品损害的，也由监护人承担责任，但如果无民事行为能力人或限制民事行为能力人有财产，则先从其财产中支付赔偿费用，不足部分

由监护人赔偿。

赔偿标准：赔偿标准一般以被损坏物品的实际损失为准。如果物品可以修复，赔偿范围包括修复所需的合理费用；如果物品无法修复或修复后价值显著降低，则需按照物品损坏时的市场价格进行赔偿。

处理方式：建议家长首先与受损方进行沟通协商，尽量达成和解。如果双方对损失金额有争议，可以委托具备资质的第三方进行评估，依据评估结果进行赔偿，这样既可以化解矛盾，也可以避免法律纠纷。

教育措施：在处理完赔偿事宜后，家长应加强对孩子的教育，强调尊重他人财产的重要性，防止类似事情再次发生。

小朋友，你知道损坏别人物品该怎么处理了吗？

_____

_____

_____

打碎的摆件

乐乐去好朋友牛牛家玩，不小心把他家的摆件打碎了……

污染环境、破坏生态，应承担什么法律责任？

 **案例再现**

娜娜家所在小区附近有一家工厂，经常违规排放污水。娜娜小时候常和朋友去摸鱼的那条小溪，现在已经变成了臭水沟。

工厂违规排放污水不仅污染环境，还影响附近住户的身体健康，为此，小区居民们联合抗议，要求工厂进行整改，还大家一个良好的生活环境。

法理分析

爱护环境，人人有责。《中华人民共和国刑法》第三百三十八条规定：违反国家规定，排放、倾倒或者处置有放射性的废物、含传染病病原体的废物、有毒物质或者其他有害物质，严重污染环境的，处三年以下有期徒刑或者拘役，并处或者单处罚金；情节严重的，处三年以上七年以下有期徒刑，并处罚金；有下列情形之一的，处七年以上有期徒刑，并处罚金：

（一）在饮用水水源保护区、自然保护地核心保护区等依法确定的重点保护区域排放、倾倒、处置有放射性的废物、含传染病病原体的废物、有毒物质，情节特别严重的；

（二）向国家确定的重要江河、湖泊水域排放、倾倒、处置有放射性的废物、含传染病病原体的废物、有毒物质，情节特别严重的；

（三）致使大量永久基本农田基本功能丧失或者遭受永久性破坏的；

（四）致使多人重伤、严重疾病，或者致人严重残疾、死亡的。

有前款行为，同时构成其他犯罪的，依照处罚较重的规定定罪处罚。

民法链接

《中华人民共和国民法典》第一千二百三十二条规定：侵权人违反法律规定故意污染环境、破坏生态造成严重后果的，被侵权人有权请求相应的惩罚性赔偿。

《中华人民共和国民法典》第一千二百三十三条规定：因第三人的过错污染环境、破坏生态的，被侵权人可以向侵权人请求赔偿，也可以向第三人请求赔偿。侵权人赔偿后，有权向第三人追偿。

《中华人民共和国民法典》第一千二百三十四条规定：违反国家规定造成生态环境损害，生态环境能够修复的，国家规定的机关或者法律规定的组织有权请求侵权人在合理期限内承担修复责任。侵权人在期限内未修复的，国家规定的机关或者法律规定的组织可以自行或者委托他人进行修复，所需费用由侵权人负担。

举一反三

春天来了，学校组织学生们去郊外春游。

到了目的地，老师与学生们一起在绿幽幽的草地上玩儿丢手绢、跳皮筋、踢毽子等游戏，开心极了。

中午吃过饭后，几位同学相约一起去附近转转。

他们悠闲地沿着河流慢步，突然，一位学生喊道："你们快看，河水怎么变黑了？"为了一探究竟，孩子们快步朝前方走去。他们发现前方一家工厂正在向河流排放黑色污水，于是赶紧跑回去把发现的问题告诉了老师。

老师和学生们一起来到排放污水的地方，确认了工厂排污的事实。

老师把学生们送回营地之后，拨打了环保局的电话。

很快，环保局的工作人员和老师一起找到了工厂的负责

人，向其询问具体情况。环保局工作人员对工厂负责人说："你们随意排放污水到河流里的行为是违法的，是要接受处罚的。"

工厂负责人意识到问题的严重性后，低着头承认了错误，表示愿意接受处罚，并承诺尽快做出整改。

就这样，工厂排放污水一事得到圆满解决。

 律师答疑

1. 环境的法律定义是什么？

《中华人民共和国环境保护法》第二条规定，本法所称环境，是指影响人类生存和发展的各种天然的和经过人工改造的自然因素的总体，包括大气、水、海洋、土地、矿藏、森林、草原、湿地、野生生物、自然遗迹、人文遗迹、自然保护区、风景名胜区、城市和乡村等。

2. 现行与生态环境保护相关的法律法规有哪些？

我国有30部和生态环境紧密相关的法律法规，包括《中华人民共和国环境保护法》《中华人民共和国水污染防治法》《中华人民共和国环境影响评价法》《中华人民共和国湿地保护法》《中华人民共和国土壤污染防治法》《中华人民共和国固体废物污染环境防治法》《中华人民共和国噪声污染防治法》《中华人民共和国大气污染防治法》等。

法律贴士

1. 污染环境、破坏生态需要承担的民事责任有哪些？

我国相关法律规定，污染环境、破坏生态要承担包括停止侵害、消除危险、赔礼道歉、赔偿损失等在内的侵权责任。《最高人民法院关于审理生态环境侵权责任纠纷案件适用法律若干问题的解释》规定，人民法院应支持被侵权人要求侵权人赔偿由于污染环境、破坏生态所带来的人身损害和财产损失，以及为了防止损害范围进一步扩大，修复生态环境所支出的费用。

2. 污染环境、破坏生态侵权行为的举证责任如何分配？

《中华人民共和国民法典》第一千二百三十条规定，因

污染环境、破坏生态发生纠纷，行为人应当就法律规定的不承担或者减轻责任的情形及其行为与损害之间不存在因果关系承担举证责任。

小朋友，如果发现污染环境的行为，你该怎么做呢？快开动脑筋想一想吧！

_____

_____

_____

钓　鱼

周末，爸爸带着乐乐到郊区去钓鱼……

消防通道被恶意占用，该如何制止？

 案例再现

距离上次物业公司通知清理楼道内杂物还不到一周，兰兰家门口又堆满了纸箱等杂物。

这些杂物全部都是隔壁老奶奶捡来的。

兰兰和父母都觉得老奶奶这样做有安全隐患，多次找物业服务人员上门沟通无果，只好向消防部门投诉。

消防人员上门后对老奶奶进行了安全教育，还给她看了许多案例，并通知老奶奶的儿女一同帮忙整改。

此后，老奶奶清理了门口的杂物，楼道内干净整洁了许多，兰兰和父母的心也敞亮了许多。

法理分析

消防通道是消防人员用来救援被困人员的生命通道，小区出入口、过道等都属于消防通道。一场火灾从发生到蔓延只需要短短 3～5 分钟，而这几分钟就是实施救援的黄金时

间。如果消防通道被堵，会拖延施救时间，从而危及居民的生命和财产安全。

《中华人民共和国消防法》第二十八条规定："任何单位、个人不得损坏、挪用或者擅自拆除、停用消防设施、器材，不得埋压、圈占、遮挡消火栓或者占用防火间距，不得占用、堵塞、封闭疏通通道、安全出口、消防车通道。人员密集场所的门窗不得设置影响逃生和灭火救援的障碍物。"发生火灾时，楼道是重要的消防通道，一定要保持畅通。如果拒不改正，可申请强制执行，所需费用由违法行为人承担。

民法链接

《中华人民共和国民法典》第九百四十二条规定：物业服务人应当按照约定和物业的使用性质，妥善维修、养护、清洁、绿化和经营管理物业服务区域内的业主共有部分，维护物业服务区域内的基本秩序，采取合理措施保护业主的人身、财产安全。对物业服务区域内违反有关治安、环保、消防等法律法规的行为，物业服务人应当及时采取合理措施制止、向有关行政主管部门报告并协助处理。

举一反三

小红家最近在装修，买了好多大件物品，拆包后留下一些大纸箱子。纸箱子放在家里占地方，不方便施工，所以都堆放在楼道里。可是装修完工后，小红家并未及时清理楼道杂物，导致邻居没有办法正常通行，只得向物业公司投诉。

物业服务人员小茜来到小红家，诚恳地劝说小红的父母："叔叔阿姨，麻烦你们尽快清理一下堆放在楼道里的杂物。因为你们的占用，其他邻居已经没办法正常上下楼了。"

小红父母说："不是我们不想清理，是不知道找谁清理。再说，找人清理不还得花钱吗？"

小茜微笑着说："叔叔阿姨，像这种大纸箱子，你们可以给收废品的打电话，让他们过来收，不仅不要钱，还会给你们钱呢。"

小红父母连连点头，又问道："那其他东西谁能帮忙清

理啊？我们年纪大了，身体也不好，实在清理不动。”

小茜说："剩下的东西我们物业公司可以帮忙清理，但无论如何都不能占用消防通道，否则一旦发生意外，会导致严重后果。"

小红父母认识到了自己的错误，承诺尽快清理堆在楼道里的杂物。

1. 日常生活中占用消防通道的行为主要有哪些？

随着生活水平的提高，私家车普及，消防通道被车辆占用的现象已经司空见惯，而这也成为救火道路上的最大阻碍。

此外，居民楼楼道公摊面积经常被业主占用，甚至楼梯等消防通道也堆满了杂物以及私人用品，严重妨碍意外发生时的救援工作。

2. 消防通道堆积杂物有哪些危害？

引发火灾：消防通道堆积的杂物多为木质、棉质、纸质等可燃物品，这些物品一旦遇到明火或火源，极易引发火灾。此外，乱扔烟蒂、乱停电瓶车等行为也会增加火灾发生的风险。

影响疏散逃生：消防通道是火灾发生时居民逃生的重要通道。如果通道被杂物堵塞，一旦发生火灾，会严重阻碍居民疏散逃生。

影响火灾扑救：杂物堆积在消防通道中，不仅会影响居民逃生，还会妨碍消防救援人员的火灾扑救工作，延误救援时间。

影响公共安全：消防通道是公共区域，堆放杂物不仅会影响居民的日常生活和出行，还可能引发邻里矛盾，甚至影响整个社区的安全与和谐。

影响环境卫生：杂物堆积容易滋生蚊虫，影响居住环境，时间久了，还会影响社区的空气质量和居民的身体健康。

3. 小区消防通道被占找谁投诉？

拨打当地消防部门的举报电话：可以直接拨打全国统一的火灾隐患举报投诉电话"96119"，向其详细说明小区内占用消防通道的具体位置、时间等情况，消防部门会根据举报情况进行调查处理。

　　向物业公司投诉：物业公司有责任确保小区内的消防设施完备且符合规范要求，包括消防通道的畅通。业主可以向物业公司投诉，要求其督促占用者清理通道，并加强日常巡查等。

　　向公安机关消防机构举报：如果物业公司未能及时处理或占用行为严重，业主还可以向公安机关消防机构举报。公安机关消防机构接到举报后，会依法对占用行为进行查处。

　　拨打政务服务便民热线举报：可以拨打"12345"政务服务便民热线，相关部门会将举报信息转至消防等相关单位予以处理。

 法律贴士

占用消防通道会受到怎样的处罚？

　　根据《中华人民共和国消防法》第六十条的规定，单位占用、堵塞、封闭疏散通道、安全出口或者有其他妨碍安全疏散行为的，或者占用、堵塞、封闭消防车通道，妨碍消防车通行的，责令改正，并处五千元以上五万元以下罚款。

　　个人占用、堵塞、封闭疏散通道、安全出口或者有其他妨碍安全疏散行为的，或者占用、堵塞、封闭消防车通道，妨碍消防车通行的，处警告或者五百元以下罚款。经责令改正拒不改正的，强制执行，所需费用由违法行为人承担。

阻碍执行任务的消防车通行的，公安机关将依据《中华人民共和国治安管理处罚法》第五十条的规定，处警告或者二百元以下罚款，情节严重的，处五日以上十日以下拘留，可以并处五百元以下罚款。

小朋友，你还知道哪些消防知识呢？快开动脑筋想一想吧！

_____

_____

_____

消防通道里的杂物

邻居王奶奶在消防通道里堆放了很多杂物，大家都很不满······

火场逃生"六不要"

不要惊慌。火灾发生时要保持镇定，尽快判断火灾发生位置、火势大小及蔓延方向，然后再确定逃生方式。

不要贪恋财物。若贪恋财物或返回火场取物，可能因火势蔓延，错过最佳逃生时机。

不要乘坐电梯。火灾发生时，应沿疏散通道从安全出口逃生。电梯随时可能停电或出现故障，电梯井、管道井等易形成"烟囱"效应，一旦被困，很难逃生。

不要随意开门。室外着火时，若门已发烫，则不能开门，以防大火蹿入室内。要用浸湿的被褥、衣物等堵塞门窗，并泼水降温。

不要盲目跳楼。若逃生线路被大火封锁，要立即退回室内，关紧卧室门，用湿布料堵住门缝。可以在窗口打手电筒、挥舞衣物、呼叫等，吸引外界注意。

不要疏忽大意。平时应熟悉疏散路线，积极参加疏散演练，学习逃生设备使用方法，掌握结绳逃生、湿巾防烟低姿前行、报警求救等逃生避难方法。